NOTICE

SUR LES

MACHINES APPLICABLES A LA FILATURE

ET

A L'APPRÉCIATION DE LA SOIE.

IMPRIMERIE DE MADAME VEUVE BOUCHARD-HUZARD,
RUE DE L'ÉPERON, 7.

NOTICE

sur les machines applicables

A LA FILATURE

ET

A L'APPRÉCIATION DE LA SOIE,

INVENTÉES

PAR M. ROBINET,

PROFESSEUR DU COURS SUR L'INDUSTRIE DE LA SOIE ;
MEMBRE DE L'ACADÉMIE ROYALE DE MÉDECINE ; CORRESPONDANT D'UN GRAND
NOMBRE DE SOCIÉTÉS D'AGRICULTURE,
SCIENTIFIQUES ET INDUSTRIELLES DU MIDI, ETC.

PARIS,
CHEZ MM. MILLET ET ROBINET,
rue Jacob, 48,
ET A LA LIBRAIRIE DE Mme Ve BOUCHARD-HUZARD,
7, rue de l'Eperon.
1843.

NOTICE

SUR LES

MACHINES APPLICABLES A LA FILATURE

ET

A L'APPRÉCIATION DE LA SOIE.

NOUVEAU TOUR POUR LA FILATURE DES COCONS.

Depuis l'annonce de ce nouveau tour, M. Robinet a fait, dans le Midi, un long voyage pendant lequel il a visité la plupart des grandes filatures de soie si justement renommées ; les études auxquelles il s'est livré à ce sujet l'ont déterminé à conserver son tour tel qu'il est, et sans y faire le plus léger changement.

Il est bien entendu que ce tour n'a pas été combiné pour les filatures d'ordre, mais bien pour les filatures dans lesquelles on emploie des tourneuses. Cependant, avec quelques modifications dans la *position seulement* des pièces dont il est composé, le tour de M. Robinet constitue la machine la plus parfaite qui ait encore été proposée, même pour les grandes filatures.

Les machines inventées à différentes époques, par des personnes toutes plus ou moins étrangères à l'art de filer les cocons, offrent des défauts qu'il serait facile de signaler ici.

Quant à la prétention *de mouliner la soie en la filant*, la ruine de tous ceux qui ont tenté la solution de ce problème est une réponse suffisante à faire aux mécaniciens qui poursuivent encore cette chimère.

Après plusieurs années d'expériences minutieuses, M. Robinet croit pouvoir affirmer qu'il faut chercher ailleurs l'important progrès qu'attend encore l'art de la filature. C'est dans l'économie de la soie, dans la proportion des déchets et des frisons, dans *la battue*, enfin, qu'il faut apporter une réforme radicale.

30 à 40 pour 100 de frisons ! voilà le véritable mal. Les résultats obtenus, depuis plusieurs années, par MM. Millet et Robinet dans leur filature, leur permet de croire que cette question est résolue pour eux.

Une chose qui a aussi une grande importance, c'est le remplacement des races de vers, dont les cocons sont faibles, par des races à cocons riches en soie. MM. les filateurs sont mieux placés que qui que ce soit pour opérer cette réforme; ils peuvent consulter avec fruit, sur cette question, les notices publiées par MM. Millet et Robinet, sur leurs éducations faites dans le département de la Vienne. Ces messieurs ont expérimenté sur plus de cinquante races différentes; ils ont conservé les meilleures (1).

REMARQUE GÉNÉRALE.

Les praticiens qui liront les descriptions suivantes pourraient être effrayés de leur apparente complication; mais ils n'ont qu'à réfléchir à la difficulté de faire comprendre par écrit l'opération la plus simple, la machine la moins compliquée, et ils reconnaîtront qu'il faut de longs détails pour décrire une chose qui se conçoit du premier coup quand on l'a sous les yeux.

Aussi l'on ne craint pas d'affirmer que les personnes qui seront appelées à se servir de l'un des instruments décrits dans cette notice n'éprouveront aucune difficulté aussitôt qu'elles auront l'instrument à leur disposition. L'instrument parlera lui-même, et la description du procédé paraîtra alors fort simple.

CROISEUR A TOURS COMPTÉS

POUR LA FILATURE A LA CHAMBON OU AVEC BRISE-MARIAGE.

M. Robinet est parvenu à construire un croiseur d'une simplicité et d'une solidité remarquables; il ne se compose que de deux pièces enfermées dans une petite boîte carrée, et d'une manivelle pour les faire mouvoir. Au moyen de ce petit mécanisme, on peut donner aux deux brins de soie le nombre d'encroisements qu'on juge nécessaire, puisqu'*un seul tour* de manivelle croise les deux brins 60 fois. Or on peut à volonté ne faire qu'un quart de tour pour 15 croisements, ou un demi-tour pour 30, ou bien encore un tour et demi pour 90 croisements, deux tours pour 120, trois pour 180, et ainsi de suite.

Le croiseur de M. Robinet peut s'adapter à tous les tours; il est d'un emploi très-facile et exécute son œuvre en une seconde; deux vis suffisent pour le fixer.

(1) Ces notices se trouvent chez Mme Ve Bouchard-Huzard, rue de l'Éperon, 7, à Paris.

Pour se servir du croiseur, la fileuse attache aux deux extrémités du petit volant les deux bouts de soie déjà passés dans les filières. La soie étant tout humide, il suffit de la tourner deux ou trois fois autour du petit volant en bois, et de casser ce qui est trop long; alors la fileuse saisit la manivelle et exécute un tour. Quand les deux bouts sont ainsi croisés l'un sur l'autre, la tourneuse, ou la fileuse elle-même, en saisit un de chaque main, tout près du volant, les détache et les porte sur le brise-mariage.

Pour que l'opération ait un plein succès, il ne faut pas que le croiseur se trouve précisément *au-dessus* des filières, mais bien *un peu en arrière* de celles-ci.

Si on se trouvait dans la nécessité de lui donner la première position, et si les filières ne pouvaient pas, comme dans notre tour, s'avancer sur la bassine, alors, avant de saisir la manivelle de la main droite, la fileuse prendrait dans sa main gauche les deux bouts de soie entre le croiseur et les filières, de manière à leur donner une position horizontale en les tirant vers elle-même.

Il arrivera de temps en temps qu'il se glissera des fils de soie derrière le volant du croiseur; bientôt ils gêneront sa marche. On ôtera l'écrou et le volant pour enlever ces fils.

Quand le croiseur deviendra un peu dur, on mettra une goutte d'huile de pied de bœuf dans les parties qui frottent.

Ce nouveau croiseur a été employé avec un succès complet, entre autres, dans la filature de M. de Bézieux, à Cognin (Isère), qui a rendu compte de ses essais dans une brochure reproduite dans le *Propagateur* de Rodez 1843.

CROISEUR A TOURS COMPTÉS

POUR LA FILATURE A UN BOUT OU A LA TAVELLE.

Jusqu'ici le problème de la croisure à tours comptés pour la filature à la tavelle n'avait pas été résolu d'une manière satisfaisante.

Tantôt le croiseur était trop compliqué, d'autres fois trop cher; le plus souvent il ne remplissait pas les conditions d'une bonne croisure.

Après bien des essais, M. Robinet est parvenu à construire un instrument qui ne laisse rien à désirer; solidité, simplicité (autant que le permet l'opération qu'il s'agit d'exécuter), bon marché, tout se réunit dans le nouveau croiseur offert à l'industrie de la soie.

Un seul croiseur suffit pour une bassine, fig. 1, 2 et 3 (1).

(1) Les mêmes lettres désignent les mêmes objets dans les trois figures. Quand on ne comprend pas avec la figure 1, il faut recourir à la figure 2 ou 3.

Il doit être fixé au moyen de la vis M, qui presse sur le ressort N, sur une pièce de bois U, qui tient elle-même aux deux montants XX, XX, au moyen des vis VV.

On remarquera que le croiseur peut tourner alors, soit à droite, soit à gauche, sur le centre M, de manière à se présenter successivement pour croiser les deux bouts. Dans la figure 1re, on a représenté le croiseur dans les deux positions qu'il doit occuper.

Dans la figure 2, le croiseur est placé pour croiser le brin de droite.

Il est facile de comprendre que la croisure s'opère dans la fente S, qui reçoit le bout doublé sur lui-même. En conséquence, il faut que le bout placé sur les tavelles C F et D E se trouve exactement dans la direction du fond de la fente S.

On peut juger cette disposition par la position du fil dans la figure 1 et dans la figure 3.

Dans la figure 3, la ligne de points représente le fil pendant qu'on opère la croisure; la ligne A G H D E F C représente le fil sorti du croiseur et marchant vers le guindre.

G H est la croisure; I, le barbin ou porte-bout qui soutient le bout. De là il est saisi par le va-et-vient.

OPÉRATION DE LA CROISURE.

Le bout, ayant traversé la filière A, est passé dans le barbin B, qui doit le maintenir dans la direction perpendiculaire B C D.

Il repose en C sur la tavelle du bas, monte en D sur la tavelle supérieure, passe sur celle-ci et redescend par E et F sous la tavelle inférieure F C.

Il remonte alors une seconde fois en se doublant sur lui-même jusqu'au-dessus du croiseur.

Le fil qui se trouve ainsi doublé entre de lui-même dans la fente S; on le pousse jusqu'au fond de cette fente.

Puis on l'engage dans le crochet O, figure 1re, en retenant toujours dans les doigts l'extrémité du brin.

C'est alors qu'on abaisse cette extrémité seule pour la fixer sur le crochet P, en la tortillant autour de celui-ci ; on rompt ce qui est trop long.

Les choses étant ainsi disposées, on fait passer le fil doublé derrière la petite queue R.

Tout est prêt alors pour opérer la croisure.

On saisit le frein T, figure 2, et on le détourne de manière à rendre la liberté à la pièce tournante dans laquelle le fil est engagé.

Enfin on pose le doigt sur la manivelle Y, et on la fait tourner, soit à droite, soit à gauche, jusqu'à ce qu'elle résiste.

La croisure se trouve faite, il ne reste plus qu'à la sortir de l'instrument.

Pour y parvenir, on fixe de nouveau la pièce tournante, au moyen du frein T, de manière que les crochets O et P se retrouvent dans la position qu'ils occupaient avant l'opération, et qu'on remarque figure 1re, ou de manière que la fente S se retrouve dans la position qu'elle avait avant, figure 2, et qui a permis au fil d'y pénétrer.

On saisit le bout dans sa partie libre entre les crochets O et P; on le brise de manière à le détacher du crochet P; on le sort avec son double du crochet O, puis, en tirant légèrement dans la direction de la fente S, on fait sortir la croisure de cette fente.

Enfin, en écartant le bout du barbin B, on obtient l'effet représenté dans la figure 3 par la ligne A G H I.

Le croiseur peut rester, comme on voit, dans la position qu'il occupe; mais il sera peut-être mieux de le tourner de manière qu'il se trouve entre les deux bouts.

Si la petite queue R retenait le bout, il serait bien facile de le détacher en le détournant dans le sens contraire à celui qui a servi à l'engager.

NOMBRE DE TOURS DE CROISURE.

On remarquera que la manivelle fait tourner avec elle, et par le moyen d'un doigt, une petite pièce Z, qui porte des chiffres.

La petite pièce numérotée peut être tournée elle-même de manière qu'en mettant en regard du doigt de la manivelle tel ou tel chiffre, on obtient un nombre égal de tours de croisure. La manivelle s'arrête d'elle-même quand le nombre de tours prescrit est achevé, soit qu'on tourne à droite, soit qu'on tourne à gauche.

PRÉCAUTIONS.

1° Comme il pourrait arriver quelquefois qu'il se glisse dans le croiseur des brins de fil qui ferment la fente S, il sera bien d'y veiller et de passer dans cette fente une lame mince, pour couper les fils qui pourraient s'opposer à l'introduction du bout doublé;

2° Il faudra avoir soin de replacer toujours le frein T de manière que la fente présente son ouverture du côté du bout à croiser, figure 2.

Le frein porte une pointe qui entre dans un trou pratiqué dans la pièce tournante. On appuie légèrement le frein vers cette pièce et on tâtonne en tournant les crochets à droite ou à gauche. Bientôt la pointe rencontre le trou et fixe la pièce tournante;

3° Il importe beaucoup au succès de l'opération de placer le croiseur de manière que le fil conserve exactement, après son introduction dans la fente S, la position qu'il occuperait s'il était libre et simplement doublé sur les deux tavelles.

Cet effet sera facile à obtenir en plaçant les tavelles dans une ligne perpendiculaire qui fasse arriver le bout précisément au fond de la fente S.

Les figures 1 et 3 paraissent suffisantes pour faire comprendre cette disposition.

ENTRETIEN.

L'entretien du croiseur se réduit au graissage des pivots ou tourillons, dans leurs extrémités visibles, avec une goutte d'huile d'olive ou d'huile de pied de bœuf.

ÉPROUVETTE.

Cet instrument sert à titrer la soie. On appelle titre de la soie le poids d'un petit écheveau de 400 aunes.

L'éprouvette de M. Robinet est basée sur le système décimal; elle fait les écheveaux d'épreuve de 500 mètres. Or, comme les 400 aunes font 480 mètres, les écheveaux, dans le système décimal, sont de 1/24 seulement plus forts que ceux de l'ancien système. Cette différence est insignifiante.

Autrefois on pesait en grains, poids de marc, les écheveaux d'épreuve; les grains prenaient alors le nom de deniers. L'usage de ces poids n'étant plus permis, il faut peser les écheveaux d'épreuve avec le gramme et ses divisions. Mais il est extrêmement facile de se rendre compte des rapports entre les anciens et les nouveaux poids.

Le grain, poids de marc, vaut 53 milligrammes; par conséquent, lorsqu'on a pris le poids d'un écheveau d'épreuves en milligrammes, il suffit de diviser par 53 le nombre obtenu pour avoir le nombre de grains ou deniers correspondant.

Par exemple, une soie dont l'épreuve pèse 530 milligrammes est une soie de 10 deniers. Une épreuve pesant 660 milligrammes représente 12 deniers 1/2. On voit aussi qu'il suffit de multiplier par 2 le premier ou les deux premiers chiffres du nombre décimal obtenu, pour avoir sur-le-champ, très-approximativement, le titre en deniers. En effet, 53 donne 10 ou 10,3 au lieu de 10, et 66 donne 12 ou 13,2 au lieu de 12,5.

L'éprouvette de M. Robinet est construite de manière à remplir les conditions suivantes.

1° L'épreuve se fait seule : il suffit de monter le ressort avec la manivelle;

2° L'éprouvette s'arrête quand l'épreuve est terminée;

3° L'éprouvette s'arrête quand le fil casse : on le renoue et on continue l'opération;

4° La vitesse de l'instrument peut être réglée à volonté et proportionnée à la soie qu'on essaye.

PRÉPARATION DE L'ÉPROUVETTE.

On place l'éprouvette sur une table et on la fixe sur le bord de celle-ci avec deux ou trois vis A B, figure 4. La planche qui porte l'éprouvette doit affleurer le bord de la table.

On monte le ressort avec la manivelle : on n'a pas à craindre de le briser, parce que, si l'on dépasse le nombre de tours, le ressort se détend de lui-même.

On s'assure si la roue dentée C est au point de départ. Elle est à sa place quand la petite cheville qu'elle porte est à la partie la plus basse de la roue, en D, entre les deux pointes supérieures de l'étoile E.

Si la roue n'est pas dans cette position, on peut l'y placer en la faisant tourner; mais, pour qu'elle devienne mobile, il faut la débarrasser du doigt ou dent que porte l'arbre du guindre F. Il suffit, pour cela, de faire marcher ce guindre de manière que la dent se trouve en l'air. On fait marcher le guindre avec la main.

Avant de commencer une épreuve, il faut aussi s'assurer si l'étoile E est à sa place. Elle y est quand la cheville fixée sur une de ses pointes est au-dessous, ou plutôt en arrière de la tige de cuivre G H.

En effet, quand l'épreuve est finie, cette cheville, qui a tourné cinq fois avec l'étoile E, se trouve au-dessus de la tige G H, et presse sur elle. Or, comme l'étoile a six pointes, il faut en faire sauter une pour n'avoir que 500 mètres de soie dans l'écheveau. En faisant sauter cette pointe, la tige G est débarrassée, l'éprouvette peut marcher, et il reste cinq pointes à faire passer pour ramener la cheville sur la tringle qui arrête l'éprouvette.

Il y a une dernière précaution à prendre. Pendant l'opération, le fil de soie soutient la poulie *i*; mais, si celle-ci était trop lourde, elle retomberait sans cesse et arrêterait l'opération. On devra donc équilibrer son poids avec le contre-poids K, de manière toutefois que la poulie retombe d'elle-même aussitôt qu'elle n'est plus soutenue par le fil.

En effet, c'est sur cette chute qu'est fondée la propriété qu'a l'éprouvette de s'arrêter quand la soie casse.

L'instrument étant ainsi préparé, on peut commencer l'épreuve. Il est, d'ailleurs, facile de comprendre que l'instrument sera toujours préparé, après une première épreuve, pour en faire une seconde, une troisième et ainsi de suite, et qu'on n'aura qu'à faire sauter une pointe de l'étoile et à remonter le ressort pour les continuer indéfiniment, sans toucher à aucune autre pièce de la machine.

MANIÈRE DE FAIRE LES ÉPREUVES.

On place la flotte de soie à éprouver sur la tavelle préparée pour la recevoir. Cette tavelle doit être disposée de manière que la soie descende sous la poulie *i*, comme on le voit dans la figure ; c'est-à-dire dans une position inclinée. Sans cette précaution, la soie pourrait sortir quelquefois de la poulie.

Le bout étant trouvé, on l'attache à une des lames du guindre F, en M, par exemple, puis on passe la soie dans le conduit L et sous la poulie *i*.

Avec la main gauche, on soulève l'arrêt N F, de manière à dégager la tige perpendiculaire H Q, sur laquelle il s'appuie. Avec la main droite, on soulève la poulie, en tirant légèrement sur le fil de soie qui doit la supporter. Aussitôt, le guindre F se met en mouvement et tend la soie. Celle-ci tient en suspens la poulie *i*. On peut alors abandonner l'éprouvette à elle-même. Elle marche seule et termine l'opération, à moins que la soie vienne à casser. Il est bon, toutefois, pour que le guindre n'acquière pas à l'instant toute sa vitesse et pour laisser à la flotte de soie le temps de se mettre en mouvement, de serrer un moment entre ses doigts le fil de soie qu'on a saisi pour soulever la poulie.

Si la soie casse, on la rattache à l'écheveau commencé, et on remet l'éprouvette en mouvement.

Si le guindre paraît marcher avec trop de rapidité, on modère son mouvement au moyen de la vis R, qui le ralentit à volonté, en tournant la vis comme si l'on voulait l'entrer, etc.

Il est évident que l'éprouvette de M. Robinet, qui donne des résultats d'une grande exactitude, exige, comme toutes les machines, une certaine habitude chez celui qui s'en sert ; mais cette habitude est très-facile à acquérir.

Une fois qu'une épreuve est commencée, on peut l'abandonner à elle-même ; elle se finira seule, ou sera interrompue par la rupture du fil, mais sans qu'il puisse se glisser aucune erreur dans l'opération.

La personne chargée de l'opération peut donc, pendant qu'une épreuve se fait, préparer les flottes destinées aux autres épreuves. Dans un établissement important, on doit avoir plusieurs tavelles, qui se remplacent successivement à mesure que les épreuves se font.

On peut très-bien poser plusieurs épreuves sur le petit guindre F avant de les sortir ; il suffit de les pousser, soit en dedans, soit en dehors, sur la lame, pour laisser la place de la nouvelle épreuve.

Si par inadvertance, par exemple en rattachant la soie, on avait fait faire un demi-tour ou même un tour inutile au guindre F, il ne serait pas nécessaire de recommencer entièrement l'opération.

En effet, chaque tour de guindre n'enroule qu'*un mètre de soie;* ce mètre pèsera *un milligramme* avec une soie de 500 milligrammes ou 10 deniers, et *deux milligrammes* avec une soie de 20 deniers; et, comme il faut 53 milligrammes pour un denier, on voit que cette légère erreur d'*un* ou *deux cinquantièmes* de denier est insignifiante.

En préparant une épreuve, on aura soin de ne pas appuyer avec le bras sur la tringle H I, parce qu'on pourrait faire partir le guindre avant d'avoir attaché la soie.

SÉRIMÈTRE.

Le sérimètre sert à déterminer *la force ou ténacité*, *l'élasticité ou ductilité* de la soie grége.

Comme ces deux propriétés sont considérablement influencées par l'humidité, il est bon de faire tous les essais dans le même lieu, et, autant que possible, dans une pièce où la température et le degré d'humidité varient peu.

Le cabinet où se tient le chef de l'établissement est, en général, le lieu le plus convenable pour recevoir le sérimètre, parce qu'on y entretient, autant que possible, une température douce et uniforme, l'hiver comme l'été.

Ordinairement il suffit de faire dix épreuves sur une soie ou grége, pour s'assurer de sa qualité; cependant, s'il s'élevait quelques doutes ou quelque discussion, on ferait vingt épreuves (1).

Mais alors on pourrait considérer la moyenne obtenue comme très-exacte.

Quand on a fait les dix ou les vingt épreuves, on prend les moyennes.

On doit s'assurer si les épreuves ne portent pas par hasard sur quelque partie défectueuse de la grége, sur une finesse ou un mariage.

A chaque épreuve on doit tirer de la bobine quelques mètres de soie, afin de ne pas faire les épreuves sur 10 mètres seulement qui se suivent.

ÉPREUVES.

Le sérimètre doit être placé contre le mur, sur un tabouret ou une caisse, de manière qu'on puisse atteindre la bobine en se levant. Quand on est assis devant l'instrument, les yeux se portent naturellement sur les échelles.

On commence par dévider sur un rochet quelques grammes de la grége qu'on veut essayer.

(1) Quelques minutes suffisent pour cela quand on a une certaine habitude de l'instrument.

Cette opération apprend si la grége se dévide bien, si elle ne casse pas, si les collures ne sont pas trop fortes, etc.

On place ensuite le rochet dans la broche A B que porte le sérimètre dans sa partie supérieure. On tire du rochet 1 ou 2 mètres de soie.

On la passe entre les deux disques d'ivoire M qui sont au-dessus du rochet; on serre avec l'écrou, la soie se trouve fixée dans la partie supérieure de l'instrument.

On s'assied, et on passe l'autre extrémité de la soie dans la pince à écrou K, qui se trouve fixée au ressort. On tend la soie légèrement et on serre l'écrou.

La soie se trouve ainsi fixée à la partie inférieure. Sa longueur est d'un mètre.

On saisit le brin et on le passe à droite du petit frein P, qu'on voit au centre du sérimètre.

On pousse ce frein légèrement à gauche et on le maintient ainsi un instant.

La mécanique se met en mouvement. La tension de la soie suffit alors pour maintenir le frein; on l'abandonne.

La soie s'allonge, le ressort se tend, l'aiguille monte sur l'échelle de droite I H; elle indique le nombre de grammes correspondant à la force de la soie.

L'aiguille, au contraire, descend sur l'échelle de gauche G L; elle indique de ce côté en millimètres et centimètres l'allongement de la soie.

Quand la soie ne peut plus supporter l'allongement, elle se rompt; le frein P retombe à droite; tout s'arrête.

On observe alors la position de l'aiguille sur les deux échelles.

Elle marque, par exemple, 30 à droite. Cela veut dire que la grége portait un poids de 30 grammes au moment où elle s'est rompue.

L'aiguille marque 150 à gauche. Cela veut dire que le mètre de soie mis en expérience s'est allongé de 150 millimètres, ou de 15 pour 100.

Pour recommencer, on saisit la pomme E, qui est placée au-dessous de l'aiguille, et on relève le chariot jusqu'en haut de la coulisse.

Puis on appuie avec le doigt sur le bouton de l'aiguille et on redescend celle-ci aux zéros des deux échelles.

On place un nouveau bout de soie, et ainsi de suite.

Pour tendre la soie, avant de serrer l'écrou de la pince inférieure, on la passe à droite de cet écrou, et on la tire légèrement avec la main gauche; si on la tirait un peu plus une fois que l'autre, on ne changerait rien au résultat, puisque l'effet s'exerce sur le ressort. Si vous commencez avec une tension de 5 grammes, elle est indiquée sur l'échelle.

Quant à l'allongement, si on commence un peu au-dessus ou un peu au-dessous du zéro de l'échelle métrique, cela est sans importance. En effet, je suppose que vous commenciez à 10 millimètres au lieu de commencer à 0, il en résulte que l'épreuve a lieu sur un fil de 101 centimètres au lieu de la faire sur un fil de 100 centimètres seulement. Cette différence d'un centième sur la longueur du fil mis en expérience ne peut avoir qu'une influence sans intérêt sur le résultat.

Les chiffres qu'on obtient pour la ténacité ou le poids porté diffèrent ordinairement peu entre eux, de 30 à 35 grammes ou de 40 à 45 grammes par exemple.

Les chiffres qu'on observe sur l'échelle métrique, et qui donnent l'allongement, diffèrent beaucoup plus ; par exemple, de 120 à 160.

Mais la preuve que ces chiffres donnent une moyenne exacte, c'est que, si vous recommencez sur une soie plusieurs séries d'épreuves de vingt essais chacune, *vous arrivez toujours à la même moyenne exactement.*

Les différences qu'on observe dans les résultats obtenus tiennent à la nature même du fil de soie, qui n'est pas uniforme dans toutes ses parties, soit naturellement, soit par suite d'une filature négligée.

Du reste, les chiffres ne doivent pas différer entre eux de plus de 12 à 15 pour 100, quant à la ténacité, ni de plus de 30 pour 100 pour la ductilité.

Lorsque les différences sont plus considérables, on peut considérer la soie comme mauvaise ou mal filée.

Quant à la détermination absolue de la force et de la ductilité d'une soie, il faut nécessairement, pour y parvenir, commencer par *titrer* cette soie très-exactement.

Il est évident, en effet, que la force est proportionnelle à la grosseur du brin.

Voici la force et l'allongement que doivent présenter des soies de bonne qualité, suivant leur titre.

TÉNACITÉ ET DUCTILITÉ DES SOIES.

TITRES en milligrammes.	TITRES en deniers.	TÉNACITÉ. Grammes.	DUCTILITÉ. Millimètres.
400	8	24	100
450	9	26	130
500	10	30	140
550	11	37	145
600	12	42	145
650	13	44	148
700	14	46	150
750	15	49	155
800	16	50	160
850	17	52	170
900	18	55	180

Ces chiffres étant des moyennes, quand une soie présente un résultat inférieur, on doit la considérer comme défectueuse.

Quand une soie offre des résultats supérieurs, c'est une preuve qu'elle est de très-bonne qualité.

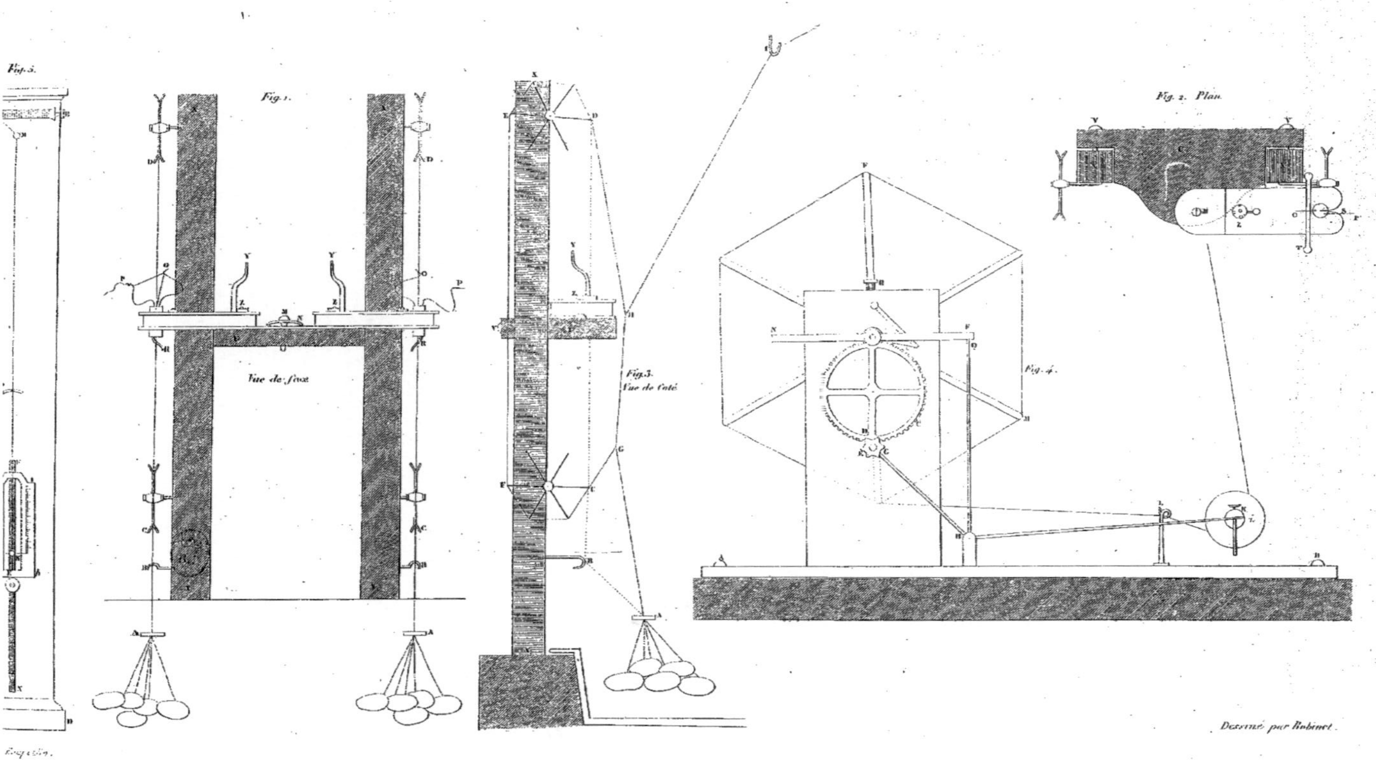

Fig. 5.
Fig. 1.
Vue de face
Fig. 3.
Vue de Côté
Fig. 4.
Fig. 2. Plan.
Dessiné par Robinet.

www.ingramcontent.com/pod-product-compliance
Ingram Content Group UK Ltd.
Pitfield, Milton Keynes, MK11 3LW, UK
UKHW012134240726
13965UKWH00005B/2165

9 782013 417006